Sommer-Wind

Gedichte

Barbara Schmitt

Sommerwind

lyrische Texte

Barbara Schmitt

© 2021, Barbara Schmitt
Herstellung und Verlag: BoD – Books on
Demand, Norderstedt
ISBN: 9783755725756

Sonnenblume

Trägst die Sonne in dir,

in deinem großen leuchtend

gelben Blütenkranz,

in deiner reichen dunkel-

dicken Frucht im Innern,

nährst dich

aus der Erde Kraft,

schenkst sie hingegeben

zeigt uns stolz der

Schöpfung Pracht!

Gladiolen

Erhaben hochgewachsen

präsentiert ihr

bunt und blütenreich

Kelch um Kelch,

daraus zu trinken,

das Schöne des Blühens,

die Freude strahlender Fülle!

Weiße Narzissen

Ihr Schönen seid

so selbstverliebt,

und wollt es uns auch zeigen

mit verführend schwerem

Blütenduft

schaut ihr strahlend

in den Tag

läutet uns zur Freude hin:

Es lebe das Leben!

Wasserrosenteich

In der Hitze suchen Amseln
Abkühlung
am Wasserrosenteich,
eine plantscht und platscht
immerzu, immer wilder,
versprüht das labende Nass,
zeigt die Spritzigkeit des
Wassers!

kleine gelbe Blumensterne

So kleine lichtgelbe
Blütensterne
inmitten staubig grüner
Blättchen,
ragen am Wegrand
aus roten Ziegelsteinen
verwitterter Hauswand
hervor,
wohnen mit den Menschen,
wollen angelächelt werden
im hastigen Vorübergehn!

Löwenzahn

Prächtig sonnengelbe filigran
gedrängte zarte Blättchen,
welch ein
Sommerblumenfell,
üppig viele auf der Wiese,
verlockend Futter für die
Tiere!
Schön seid ihr, nicht nur von
Nutzen,
verzaubert im Verblühen
mit leisen Blumenfedern,
schwebend durch die
linden Lüfte!

Edelweiß

Edel ist dein Weiß, nicht rein,

verborgen schön im Kleinen,

hoch droben nur zu finden,

holst uns der Berge Stille

in unsere Mitte

zum Segen für unser Haus!

Rosenbusch im August

Noch einmal neue Blüten,

ein letztes Mal

in diesem Jahr,

viele kräftig rosa leuchtend

dicht gefüllte Blütendolden!

Im Anschaun dieses Bildes

öffnen sich die Herzen -

zartes Lächeln -

ruft Natur dem Menschen zu:

„Seid umschlungen

Millionen!"

Heilkräuterkorb

Ein Korb voller stiller Helfer,
so verborgen und
bescheiden,
mattes grün, grau, beige,
leichtes gelb und weiß,
zwischendrin lilaroter
Sonnenhut.
Menschen haben euch
entdeckt
zum Schutz und Heil,
den Schatz der Schöpfung
für das Geschöpf!

Passionsblume

Geheimnisvoll verzaubernd

schön,

schaut ihr mich an

mit blauen Blütensternen-

Augen,

schützt der Passion

verborgenes Gesicht!

Kamille

Augenweide und
Duft-Fußbad
seid ihr so viele Blüten
zusammen,
ruft zur Ruhe und Erholung,
löst Kämpfe und Krämpfe im
Körper,
tröstet die Seele
mit eurem treuen gelben
Schatz!

Wicken

Nur mitten im Sommer,

so vielfältig bunt

und blumig riechend,

kriecht ihr den Gartenzaun

entlang, ruft uns zu:

der Sommer ist ein duftender

Klang!

Kleeblatt

Entzückt schauen wir

auf das Vierblättrige

und trauen

dem Aberglauben,

dem Zauber des

Besonderen!

Ja, Glück wollen wir

alle haben,

warum braucht es dafür

das kleine Blättchen

als Zuspruch der Pflanze

für diese großen Menschen?

Stiefmütterchen

Wie kommt ihr nur
zu diesem Namen,
so klein, aber fein
ihr doch seid,
so treu und
wenig wetterscheu,
so bunt und klar,
wie kleine Kätzchen werbt ihr
um unser Vertrauen,
wir Menschen haben euch
doch gern!

dunkelrote Rosen –
weiße Lilien

Als üppiger Strauß steigt ihr

aus Tiefen unserer Seelen

benetzt unsere Träume

mit Tränen,

umarmt unser Sein

in stiller Not,

versprecht uns Fülle

in seliger Liebe,

hier schon und im Tod!

Dünengras

So filigran zart
und doch so stark,
beweglich und beständig,
schützt uns
vor schlimmen Winden,
zeigt uns Halt zu finden
vor dem großen Wasser
in der Flut so vieler Nöte,
streichelt uns im Säuseln
feiner Winde!

Vergissmeinnicht

Hellblauer kleiner
Blütenzauber
versteckt in großer Zahl
an labend Wasserläufen,
arglos mit euren
zarten Blüten
erstaunt uns mit eurem
Lebenswillen,
bringt den Himmel auf die
Erde
wenn die Wolken
ihn verstecken,
erinnert uns daran!

Veilchen

Tiefes dunkellila

klein und duftend rein,

betörst du uns mit deinem

Sein,

das Kleinod zu begehren

wo sonst nur Großes

möchte zählen!

Gänseblume

So schlicht und kostbar

wie täglich Brot,

so fröhlich wirkt die Wiese

und heiter licht,

pflücken möchte man euch,

ihr vielen Kleinen

zu einem großen Strauß

der Güte!

Heideblüten

Stark rosa-lila Heideblüten

überall,

leuchten warm!

Tief müssen wir uns bücken,

den Geruch der Erde spüren,

und die Kraft der Stängel,

ihre Blüten zu bewachen

vor dem Stehlen ihrer

Schönheit

im schnellen Vergehn

in Vasen, Töpfen,

Menschenhand!

Kaktus im Sand

Nein, willst uns

nicht schaden,

nur bewahren

dein kostbares Nass

für durstige Zeiten,

fest verschlossen in dickem

Mantel, Blättern,

ja, wehrhaft wurden wir

auch

nur viel später als ihr!

Barbara-Zweig

Kirschblüten
zu ungewohnter Zeit
holen wir ins Haus,
die Hoffnung zu bewahren,
dass nicht alles aus
wie draußen es nun scheint,
unbändig der Lebenswille,
dem Wunder zuzusehen,
dem wir nur nachgeholfen,
zu erinnern, dass es wirklich
war geschehn!

Mögen die Gedichte Sie begleiten, den Sommer lebendig zu spüren und schöne, lichte Erinnerungen zu bewahren für schwere und dunkle Zeiten!

Autorenportrait

Barbara Schmitt, geb.1947 in München

Examen für das Lehramt an der Grund - und Hauptschule

Diplom-Psychologin, Psychologische Psychotherapeutin

mehrjährige Erfahrung in kontemplativer Meditation